SKY출신 전문가들이 알려주는 초특급 로드맵

메디컬/로스쿨

상위 1%가 되기 위한
중고등 학습법

Whee lab

중학생 때부터 상위 1%가 되기 위한
전략 수립이 답이다!

● 의대, 약대, 치대를 보내고 싶은 학부모님의 필독서
● 로스쿨을 가고 싶은 수험생의 필독서

메디컬/로스쿨
상위 1%가 되기 위한 중고등 학습법

발행 | 2023.01.20
저자 | 휘랩영어연구소
펴낸이 | 한건희
펴낸곳 | 주식회사 부크크
출판사등록 | 2014.07.15.(제2014-16호)
주 소 | 서울특별시 금천구 가산디지털1로 119 SK트윈타워 A동 305호
전 화 | 1670-8316
이메일 | info@bookk.co.kr

ISBN | 979-11-410-1131-4

www.bookk.co.kr

메디컬 / 로스쿨 상위 1%

가 되기 위한

중고등 학습법

▎들어가며

▪ 이 소책자는 이런 학생들을 둔 학부모님께서 꼭 봐주셨으면 합니다.

1. 영어 점수는 나오지만 본인의 점수에 확신이 없고 감으로 푼다.

2. 영문법을 몇 년 동안 배웠지만 아직도 관계대명사와 접속사가 헷갈린다.

3. 문장을 단어와 단어를 통해서 정황상 대충 추측 해석 한다.

4. 시간이 없어서 구문 독해에 필요한 핵심 영문법을 빠르게 학습하고 싶다.

5. 해석은 되지만 답이 되는 근거를 정확하게 찾지 못한다.

▪ 영어 과목 외에도 다음과 같은 학생을 둔 학부모님들께서도 꼭 보셔야 합니다.

1. 공부를 왜 해야 하는지 모르고 불성실하다.

2. 생활면에서 기복이 커 외부환경에 따라 흔들리고 금방 무너진다.

3. 로스쿨에 관심이 있어 법조인을 희망한다.

이 글을 보는 것만으로도 적어도 영어에 대한 올바른 학습법과 시행착오를 줄이실 수 있습니다. 또한 영어 외에도 공부 자체에 대해서 어떤 마음가짐으로 임해야 하는지 객관적으로 인식하시고 자녀를 지도하실 수 있습니다.

저는 고려대학교(서울캠퍼스)를 졸업하고 서울권 로스쿨에 입학한 [휘랩연구소] 손영민 강사입니다. 단 한 번도 유학생활을 한 적이 없이 한국에서만 영어를 독학하여 가장 불수능이었던 2011년도 수능에서 영어 원점수 100점과 평균 60점대인 경찰대 영어시험에서 원점수 93점을 맞았습니다. 그때 쌓아놓은 영어 실력을 바탕으로 대학 후에 공부를 몇 해 쉬었음에도 토익 준비를 딱 1주일 하고서 990점 만점에 985점을 맞아 우월점을 선점하였습니다.

이러한 시행착오와 노하우를 바탕으로 대치동과 분당점 재수종합반에서 영어 강사를 하였으며 강동에서 고등부 영어 전임 강사를 했습니다. 어떻게 하면 영어에서 학생들을 구제해 줄 수 있을까 끊임없이 고민해왔습니다. 모든 공부의 TIP들과 함께 연구하였던 동료 우수한 선생님들의 경험을 바탕으로 영어를 준비하는 효율적인 경로를 이 책에 모두 담아냈습니다. 그리고 [휘랩연구소]가 제시하는 내용들을 바탕으로 [휘랩연구소]의 학생들이 기적적인 성과를 냈습니다.

영어 공부방식은 크게 세 파트 단어, 구문 독해, 독해유형별 전략적 풀이로 구성됩니다.

✓ 첫 번째 파트인 단어에서는, 단어의 중요성과 잘못된 단어 암기방식을 지적하며 가장효율적인 단어 암기방식을 제시해드릴 것입니다.

✓ 두 번째 파트인 구문 독해에서는, 필요한 만큼만의 기초 영문법과 문장 안에서의 각구문의 정확한 역할에 대한 이해를 바탕으로 완벽한 구문 해석에 대한 방법을 알려드립니다.

✓ 세 번째 파트인 독해유형별 전략적 풀이에서는, 항상 시간에 쫓기는 학생들을 위한 최고의 유형별 풀이 방법을 제시해 드릴 것입니다. 실수를 최소화하고 위기에 대처하여 최대한의 실력을 발휘할 수 있도록 연습해야 하는 시간 관리 능력, 문제 푸는 순서, 찍기에 관해서도 알려드립니다.

- 목 차 -

1 강사소개

안녕하세요 [휘랩연구소] 손영민 영어 강사입니다.

저는 외국 유학 생활 없이 안정적으로 영어를 공부하여 그 바탕으로 고려대학교를 졸업하고 서울권 로스쿨에 입학하였습니다. 제가 여러분들께 가이드를 제공할 부분은 영어 수능과 내신 그리고 나아가서 문·이과 상관없이 로스쿨 입시에 관련된 전략으로 이루어졌습니다. 가이드는 제가 직접 공부해서 증명한 경험과 강사로서 학생들에게 기적을 만들었던 실력을 바탕으로 이루어졌습니다.

저는 고2 때 겪었던 큰 방황 때문에 뒤늦게 수능을 준비하게 되어 짧은 시간 안에 기적을 만들어야 했습니다. 수험생 시절부터 끊임없이 효율적인 공부 방법을 고민하였고 들쭉날쭉 하는 점수가 아닌 어떠한 상황에서도 확실히 보장되는 점수를 받기 위해 공부하였습니다. 그 결과 가장 불수능이었던 2011년도 수능에서 영어 원점수 100점과 평균이 60점대인 경찰대 영어 시험에서 원점수 93점을 맞았습니다. 그 당시 수능 영어 문제를 다 풀고 40분이 남았습니다. 명문고이지만 영어 원점수 만점자는 전교에 저 포함 딱 2명밖에 없었습니다.

내신으로만 한해에 SKY생을 100명 가까이 배출하는 명문고에 다녔기에 좋은 등급을 받기란 수능 1등급을 받는 것보다 굉장히 어렵습니다. 수능으로 승부를 볼 생각이었던 저는 효율적인 공부 방법으로 내신에 시간 투자를 최소화하면서 최고의 아웃풋을 얻으려고 노력했습니다. 1학년 때는 3주, 2학년 때는 2주, 3학년 때는 1주일을 투자하여 내신에서 평균 1.7등급을 받았습니다. 내신을 공부하면서도 내신과 수능을 분리하지 않았고 최대한 하나의 공부로 2가지를 획득하기 위해서 전략적인 공부를 하였습니다.

로스쿨 입시 또한 딱 3개월을 투자하여 항상 변호사 시험 합격률이 5위 안에 드는 서울 상위권 로스쿨에 입학하게 되었습니다. 로스쿨 입학시험의 평균 소요 기간은 1~2년이며 고등학교 때부터 로스쿨을 바라보고 대학에 입학하여 4년 내내 준비하다가 실패하는 경우도 많습니다. 안타깝지만 입시 전략과 그를 기반으로 한 공부 방법이 잘못됐다고 밖에 말할 수 없습니다. 모든 시험에는 그에 맞는 준비방법이 있습니다. 시험을 준비하기 전에 무작정 기출부터 풀기보다는 이 시험이 어떤 시험인지 철저히 고민해보고 들어간다면 수능이든 내신이든 로스쿨 입시든 다소 초반에는 느리더라도 분명 원하는 결과를 성취할 수 있습니다. 저는 그 세 분야에서 모두 성공적인 결과를 얻었기에 여러분들께 제 노하우를 모두 제공해드리겠습니다. 단순히 영어 공부에서 어려움을 겪는 학생들뿐 아니라 생활 전반에서 공부에 어려움을 겪는 학생들과 멘탈 관리가 필요한 학생들에게 [휘랩연구소] 최고의 멘토로서 함께 하겠습니다.

2 "영어" 입시 공부법

1. 영어를 잘하기 위한 3요소

영어를 잘하려면 뭘 잘해야 할까요?

저는 이 질문에 대해 한 문장으로 답변해드리겠습니다.

바로 불필요한 '선입견'을 버리고 필요한 '선입견'을 갖추면 됩니다.

굉장히 추상적이라 무슨 말인지 잘 와닿지 않으시겠지만 쉽게 말씀드리면 3요소 중 하나인 구문 독해를 학습할 때 여러분들이 지금껏 영어에 대해서 가지고 있는 선입견들을 버리고 유연하게 사고해야 할 것입니다. 하지만 마지막 요소인 문제 유형별 전략적 풀이를 하면서 철저히 선입견을 갖고 문항에 접근하여야 가장 전략적인 접근이 가능할 것입니다. 이제 구체적으로 3요소에는 무엇이 있는지 말씀드리면서 자세히 설명드리겠습니다.

영어를 잘하기 위한 3요소는 크게 1)단어 2)구문 독해 3)문제 유형별 전략적 풀이입니다. 하지만 많은 학부모와 학생들은 그 길을 돌아갑니다. 저는 정확하게 이 3가지만 공부하여 수능 및 내신뿐만 아니라 난이도가 극악인 경찰대 영어시험, 텝스 그리고 상대적으로 쉬운 토익에서 모두 고득점을 획득하였습니다. 수능과 내신을 구분하여 따로 설명드리겠지만 그 부분은 세부적인 부분에서만 차이를 보일 뿐 이 3요소를 제대로 잡는다면 결국 이것만으로 영어 공부가 완성되는 것을 몸소 경험하실 수 있을 겁니다.

3요소를 잡지 않은 상태에서는 아무리 특화전략으로 내신과 수능을 준비하여봤자 기반이 흔들리는 토지에 건물을 짓는 것과 마찬가지입니다. 기초가 없고 내공이 없는 실력은 시험이 조금만 변화해도 다 드러납니다. 어릴 때부터 영어를 접하지만 정확하지 않은 방법으로 공부하여 고등학생이 되어서도 관계대명사와 접속사조차 구분하지 못하는 경우가 많습니다. 문제를 풀 때도 감으로 풀어서 답을 찍고 불안해합니다. 해석 또한 본인이 아는 단어들을 바탕으로 감으로 추측하면서 문장을 해석합니다. 문장의 어순이 뒤바뀌거나 수식어구가 많아지게 되면 결국 중요하고 중요하지 않은 구문들을 구별해 내지 못해 정확한 해석을 하지 못합니다. 그만큼 시간을 많이 허비하게 되어 다른 문제들조차 제대로 풀어낼 수 없게 됩니다.

문장을 읽을 때 모든 단어와 구를 읽으면서 내용을 해석할 필요가 없습니다. 문장 안에서 먼저 구와 절의 기능을 파악하여 읽을 필요가 있는 부분과 읽을 필요가 없는 부분을 구별 할 수 있는 선입견을 가지고 들어간다면 한층 빠르고 정확한 해석을 할 수 있습니다. 구문 독해가 정확히 이루어진다면 문장 안에서 중요하고 중요하지 않은 부분들을 구별해 낼 수 있게 될 겁니다.

한편 단어 암기와 구문 독해가 정확히 이루어진다고 결코 높은 영어 점수를 보장할 수는 없습니다. 우리는 영어 '논문'을 연구하는 것이 아닌 '시험' 즉, test를 보는 것이기에 제한 된 시간 내에 가장 효율적으로 수능 문항을 풀어야 합니다. 제한된 시간 내에 최대의 집중력을 올리는 안으로 문제 풀이 순서를 짜야 할 것이며 점수가 확실히 보장되는 문항들부터 푸는 연습을 체화해야지 실제 시험에서도 자신감을 갖고 임할 수 있습니다. 이제 수능을 통해서 영어의 3요소를 공부하는 방법을 말씀드리겠습니다. 이 3요소를 갖추게 된다면 수능, 내신을 구별할 필요가 없는 실력을 갖추게 될 것이며 앞으로 살면서 경험할 모든 영어 공인시험에서 따로 공부할 필요가 없을 정도의 실력과 자신감을 갖추게 될 것입니다.

가. 단어

1) 단어의 중요성

많은 단어를 정확하게 암기하는 것은 단시간 내에 많은 영어 점수를 올릴 수 있는 가장 효과적인 방법입니다. 단어를 모른다면 아무리 후술하는 구문 독해에 대해 정확히 학습하고 있더라도 문장 해석은 할 수 없겠죠. 그저 내용은 모른 채 문장의 구조만 파악한 채 시험은 끝날 것입니다. 반대로 구문 독해를 정확히 학습하고 있지 않았더라도 문제에 나오는 단어를 다 알고 있다면 얻어걸리듯이 해석해서 정답을 맞힐 수도 있을 겁니다. 제 학생들은 반드시 누적적으로 단어부터 암기시킵니다. 단어 시험은 매일 학생들이 가혹하다고 느낄 정도로 확인했습니다. 심지어 수능 3일 전날까지도 단어장 2권 전체에서 임의로 50단어를 골라내서 단어 시험을 봅니다.

수험생들이 단어를 필사적으로 암기해야 하는 이유는 크게 3가지입니다.

첫 번째는 제 실력을 발휘하기 위해서, 두 번째는 독해하고 문제를 푸는 속도를 확연히 단축시키기 위해서, 세 번째는 정확한 해석을 통해서 정답률을 올리기 위해서입니다.

이 중 저는 첫 번째를 가장 강조합니다. 시험장에서 제 실력을 발휘하기 위해서 가장 필요한 요건은 무엇일까요? 과도하게 긴장하지 않는 것과 빠르게 시험에 몰입하는 것입니다.

긴장하고 그에 따라 시험에 온전히 몰입하지 못하면 시험에서 제 실력을 발휘하지 못합니다. 실제로 운동선수들도 긴장하면 제 실력을 발휘하지 못하죠. 한 예시로 평소 영어가 약점이었던 제 친구는 너무 긴장한 나머지 시험 초반 20분 동안은 한 문장도 제대로 해석하지 못했습니다. 시험이 끝나고 긴장이 풀리고 보니 도대체 왜 이 문장들을 해석하지 못했냐면서 안타까워했죠. 과도한 긴장감은 뇌의 사고를 멈추게 합니다. 실전에서도 긴장감을 적절하게 컨트롤 하고 본인의 실력 발휘하는 방법에 대해서 후술하겠지만 여기서는 영어 과목에 한정해서 단어 암기로 긴장감을 낮추는 방법에 대해서 말씀드리겠습니다.

시험지를 펼쳤을 때 모르는 단어가 눈에 들어오면 학생들은 가장 많은 긴장을 하게 됩니다. 반대로 말하면 처음에 시험지를 봤을 때 본인이 다 암기했던 단어들이 등장하면 긴장감은 한결 내려가고 마음은 편해지죠. 저는 실제 수능 장에서 1번부터 끝 번호까지 단 한 단어도 모르는 단어가 없었습니다. 그러기에 영어 문제를 받아들었을 때 "이것 봐라 다 내가 공부한 곳에서 나오는구나."라는 마인드로 시험에 돌입하여 빠르게 긴장감을 낮추며 시험에 대한 집중도를 극상으로 올릴 수 있습니다.

"실제 수능에서 시험에 몰입하지 어떻게 못하지?"란 의구심이 들겠지만 실제로 많은 학생들이(SKY학부생들이 로스쿨 입시를 볼 때조차도) 실제 시험장에서 너무 긴장하거나 문제 푸는 순서를 잘 못 짜서 온전히 몰입하지 못합니다. 몰입하더라도 시험 5분 남기고 마킹 할 때만 몰입한다거나 10분 남기고 문제를 풀 때 몰입한다면 의미가 없습니다. 이처럼 빠르게 시험에 몰입하느냐는 그 시험의 당락을 결정짓는 가장 큰 관건입니다. 시험에 빠르게 몰입하기 위해서는 문제를 푸는 순서와 전략이 큰 비중을 차지합니다. 본인이 잘 풀리는 문제들부터 건드리면서 자신감을 얻고 긴장을 해소해나가며 점점 더 두뇌를 빠르게 돌리면서 몰입하는 것이죠. 영어는 단어의 암기가 그러한 긴장감 해소와 단시간 내에 집중도를 상승시키는 데 큰 역할을 합니다. 많은 단어를 정확하게 암기하고 있다면 수험생들이 문제지를 펼쳤을 때 아는 단어들을 한눈에 접합니다. 과도한 긴장감이 적절한 수준으로 낮춰지고 자신감은 상승합니다.

두 번째 이유로 독해하고 문제를 푸는 속도를 확연히 단축시키기 위해서입니다. 본인이 아는 배경지식이나 작품을 소재로 한 문제가 출제된다면 그걸 아는 학생과 모르는 학생의 정답률과 문제 해결 속도는 큰 차이를 보이게 됩니다. 영어의 한 문장을 해석하더라도 그 문장의 단어를 다 알고 있다면 대충 어떤 내용인지 선입견을 가지면서 읽습니다. 이는 해석과 전체 지문의 내용을 파악하는 속도를 훨씬 빠르게 합니다.

마지막으로 단어를 정확하게 암기하고 있다면 정확한 해석과 정답률에도 영향을 미칩니다. 한 단어가 가진 의미는 단 하나가 아니기에 하나의 뜻만 암기했을 경우 전혀 다른 해석이 됩니다. 문제 풀이에 결정적인 역할을 하는 단어인 경우 그 의미를 알지 못한다면 나머지 문장 모두를 해석할 수 있어도 문제를 틀리게 됩니다.

정확한 독해가 되지 않을 때, 시간이 없을 때, 지문 내의 모든 단어의 의미를 정확히 알고 있다면 해석이 제대로 되지 않더라도 나쁘지 않은 확률로 정답을 맞히기도 합니다(그렇다고 단어가 모든 해결책은 절대 아닙니다).

2) 단어 암기 방식

해마 연상법을 강력히 추천합니다. 이 방식으로 경찰대 영어 시험에서 1 ~ 5번까지 등장하는 높은 고난이도의 어휘 문제를 빠르게 모두 맞혔고 가장 어려웠던 역대 영어 수능 시험장에서 단 하나도 모르는 단어가 없었기에 40분을 남기고 문제를 다 풀고 원점수 100점을 맞았습니다.

해마 연상법이란 단어의 발음과 뜻에 연결고리를 부여하면서 암기하는 방식입니다. 뇌 속의 기억을 담당하는 해마가 장기기억으로 전환할 때 일반 암기방법보다 훨씬 오래 그리고 정확하게 기억할 수 있는 방식입니다. 'apporach' 발음하면 "어프로치 ⟶ 어퍼 컷을 치려고 접근하다"라고 학생들에게 암기시킵니다. 해마 연상법으로 암기한 학생들은 대학 합격하고 나서도 이 단어를 기억합니다.

TYPE 01

어근과 관계없는 단어
단어 연상법 이용

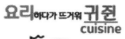

요리하다가 뜨거워 **귀 쥔**
cuisine

cuisine 요리, 요리법

[퀴진 → 귀 쥔] **요리**하다 솥이 뜨거워
귀를 쥔 모습 연상

The cuisine in our restaurant is excellent.
우리 식당의 요리는 뛰어나다.

TYPE 02

접두어와 관련된 단어
접두어 + 연상법 이용

머리 **in**(안에서) **튀션**
intuition

직관
직감

intuition 직관, 직감

[In(in) 튀션] 머리 **in**(안에서) 바로
튀어나오는 생각이나 느낌, 즉 직관, 직감

I had an intuition that she might be involved
in this case.
나는 그녀가 이 사건에 연루되어 있을지도 모른다는
직감이 들었다.

출처: 경선식 영단어

처음에 접하게 되면 다소 유치하다고 생각될 수도 있겠지만 이 방법으로 하루 1,000개의 이상의 단어를 암기하여 딱 일주일 동안 10,000개의 단어를 외우도록 지도합니다. 그 일주일 외운 단어를 틈틈이 복습 해주는 것 외에는 따로 단어 암기에 시간을 투자하지도 않았지만 남은 수험생활 내내 큰 도움을 받을 것입니다.

나. 구문 독해

1) 문법

단어가 갖춰졌다면 정확한 해석을 위한 구문 독해를 배워야 합니다. 구문 독해란 무엇인가요? 구문 독해란 <u>문법에 맞게 올바르게 독해</u>하는 것입니다. 구문 독해를 배우기 위해서는 그에 필요한 최소한의 영문법은 학습하고 가야 합니다. '문법만을 위한 문법' 이 아닌 '구문 독해를 위한' 문법을 학습해야 합니다. 각 단어, 구, 절이 문장 내에서 어떠한 역할을 하는지 품사별로 공부하고 그에 따라 문장 내에서 하는 기능을 살펴볼 것입니다.

문법만을 위한 문법을 공부한다면 정확한 해석을 염두에 두지 않고 그저 문법 하나하나에 집착하게 됩니다. [휘랩연구소]는 구문 독해라는 목표를 위한 최소한의 필수 영문법을 학습합니다. 고1 수준의 학생이어도 단 한 달이면 수능에 필요한 최소한의 영문법은 모두 배웁니다. 지금까지 배워왔던 문법이 중구난방으로 그때그때 내신에 필요한 영문법이었을 것입니다. 이제부터는 실제로 문장을 올바로 해석하고 수능 문항을 풀어나가기 위한 실질적인 영문법을 배우도록 안내드리겠습니다.

2) 구문독해

가) 구문독해란?
문법에 맞게 올바른 독해를 하기 위해서는 '유연'해야 합니다.

> They are certain that the rater <u>timed</u> them wrong.

이 문장에서 time의 뜻이 뭘까요? 여기서 학생들은 3가지로 구별됩니다.

첫 번째, '시간'이라는 뜻으로 해석합니다. 뭔가 어색함을 느낄 겁니다. 해석이 올바르지 않기 때문입니다.

두 번째, time의 다른 뜻을 알고 있는 학생들은 '측정하다'라고 올바르게 해석을 할 겁니다.

세 번째, time의 뜻을 모르더라도 time의 단어 위치가 주어와 목적어 사이에 있기 때문에 '~하다'라고 올바르게 동사로서 해석할 것입니다. '시간을 잰다' 정도로 원래 명사로서 알고 있는 시간의 뜻을 활용해 의역할 수 있습니다. 위 문장은 '그들은 확신했다, 평가자가 그들의 시간을 잘못 측정했다고'라고 해석됩니다.

우리가 추구해야 하는 해석의 방향은 바로 세 번째입니다. 단어의 위치와 그 앞뒤에 있는 구와 절의 관계를 통해서 단어의 문장 안에서의 기능, 즉 품사를 파악해야 합니다. 그후에 올바른 뜻을 대입하여 정확한 해석을 하는 겁니다. 단어의 기능을 통해서 파악하면 단어 뜻을 여러 개 대입해봐서 해석하는 것보다 시간을 절약할 수 있습니다. 명사로만 알고 있던 time은 얼마든지 동사가 될 수 있습니다. 올바른 해석을 하려면 time의 두 번째 뜻을 먼저 떠올리기보다는, 문장의 내부에서 time이 동사 자리에 있다는 것을 파악해야합니다.

예시 문장이 혼동을 줬던 이유는 딱 한 가지입니다. 'time'이 명사로만 쓰일 거라는 '선입견'과 그 선입견에 기반한 잘못된 해석의 고집입니다. 이러한 선입견과 고집으로부터 자유로워져야 유연한 해석이 가능하고 영어의 실력은 대폭 상승합니다. 위에서 제가 처음 말했던 선입견을 버려야 할 부분입니다.

예시를 더 들어보면 'old'의 품사는 무엇인가요?

정답은 "문장에 따라서 달라진다"입니다. 명사 앞에서 수식하는 'the old man'과 같은 경우는 '늙은' 남성이라고 해석되며 형용사의 기능을 합니다. 실제로 대부분 이렇게 쓰입니다. 하지만 'The old get easily lost while they're talking'과 같은 문장에서는 어떨까요? 문장 내에서 주어 자리에 있습니다. 그에 맞춰 해석하면 '늙으신 분들은 쉽게 헤매신다, 그들이 말을 하는 와중에'라고 해석해야 합니다.

나) 천일문을 통한 학습
구문 독해를 올바로 학습하기 위해서는 문장을 구조별로 구별한 책을 통해서 올바르게 학습해야 합니다. 같은 구조를 지닌 문장을 반복적으로 접할수록 시험장에서 다른 단어로 등장한 유사한 문장 구조를 접할 때 꼬인 실타래를 쉽게 풀 듯 해석할 수 있습니다. [휘랩연구소]에서 자체 개발한 구문독해를 통해 가능합니다. 시중교재로는 '천일문'이 이에 해당합니다. 간단한 문장부터 최고난도 문장까지 구조별로 구분해 놓았습니다. 문장 구조를 먼저 인식한 후에 그에 맞춰 해석에 들어가기에 구문 독해를 독학하기에 좋습니다. 저 또한 고1 때부터 고3 때까지 하루도 빠짐없이 새벽 5시 반에 일어나서(방황하는 기간에도) 학교 가는 1시간 동안 문장을 mp3 파일로 담아 귀에 꽂고 들었습니다. 이러한 구문 독해를 학습하기 위해서는 혼자서 할 수 있다면 정말 좋겠지만 좋은 지도자를 만나서 효율적으로 문장 구조를 배우고 그에 맞추어 올바르게 해석하는 방법을 계속해서 점검받는 것을 추천합니다.

다. 문제 유형별 전략적 풀이

지금부터는 철저히 선입견을 가지고 문제를 해결해야 합니다.

단어와 구문독해만 확실히 잡혔다면 영어의 80%는 해결했습니다. 마지막 20%는 문제를 풀 때 독해유형별로 어떻게 접근할지에 대한 가이드이자 전략입니다. 확실히 숙지하신다면 놀라울 정도로 시간 단축이 이뤄질 것이며 가장 필요한 문제에 우리의 힘을 쏟아부을 수 있습니다. 또한 시험에 강해지게 됩니다. 시험 자체가 부담되지 않습니다. 컨디션에 따라 좌우되는 성적이 아닌 확실한 성적을 받을 수 있습니다.

실제 수능 영어의 지문은 얼마큼 읽어야 할까요?

100점을 맞기 위해서는 40%만 읽어도 충분합니다. 아니 40%만 읽어야 원점수 100점을 받을 수 있습니다. 지문 전체를 다 읽는다는 건 그만큼 읽는데 시간을 많이 투자해야 하는 것을 의미하며 집중력과 두뇌의 에너지 또한 많이 소비됩니다. 정작 어려운 문항에 쏟아야 할 힘과 시간을 비축하지 못합니다. 시험에서 80퍼센트의 문제는 지문의 절반을 읽고 답을 고르고 20퍼센트의 문제를 해결하는 데 힘을 쏟도록 지도합니다.

영어를 잘하는 학생들도 동일하게 지도합니다. 외국에서 어릴 때부터 살아서 원어민급의 실력을 갖추고 있던 친구가 있었습니다. 그 친구는 영어에 대해 자신하고 있었기 때문에 문제를 풀면서 대비하지 않았고 항상 지문 전체를 읽고 푸는 습관이 있었습니다. 하지만 영어를 잘해도 원어민조차 헷갈리는 문항은 6개 이상이 등장합니다. 지문을 다 읽지 않고도 처리할 수 있는 손쉬운 문제마저도 지문을 다 읽고 해결하는 바람에 정작 어려운 문제에 시간을 쏟지 못했습니다.

그렇다면 문제를 푸는 순서는 어떻게 정하고 문제 유형별로 접근하는 방식은 무엇일까요?

1) 문제 풀이 순서

수능 영어 문제는 결코 순서대로 풀어서는 안 됩니다. 문제의 풀이 순서 방식은 우리의 집중력을 최대한 끌어올릴 수 있는 방향과 최소한의 점수를 확보할 수 있는 방향으로 가야 합니다. 집중력을 끌어올리는 방향은 모든 과목에서 통용되듯이 쉬운 문제부터 차츰 어려운 문제로 나아가야 합니다. 그렇게 풀어나가야 점점 시험에 몰입할 수 있으며 자신감을 가지게 되며 긍정적인 감정을 바탕으로 한 선순환이 이루어집니다. 어려운 문제부터 접하게 될 경우 그 문제에서 시간을 많이 쓰고, 남은 쉬운 문제들을 놓치게 됩니다. 그리고 그렇게 먼저 푼 어려운 문제마저 틀린다면 점수는 보나마나 입니다.

그렇다면 문제 풀이 순서는 어떻게 돼야 할까요?

가) 듣기 문항

1~17번 듣기 문항은 단 한 문제도 놓쳐서는 안 됩니다. 듣기는 100점 중 37점을 차지하기 때문에 중하위권의 학생들은 결코 놓치지 말아야 하는 부분입니다. 듣기 시간엔 영어 듣기에만 집중하는 것을 추천드립니다. 많은 학생들이 들으면서 독해 문항도 푸는 경우가 많습니다. 듣기를 놓치지 않는다면 괜찮겠지만 하나라도 듣기를 놓치게 된다면 그로인한 영향이 너무 큽니다. 놓친 듣기 문제와 고민하느라 흐트러진 집중력으로 인해 이후 듣기 문제도 틀릴 수 있습니다. 부정적인 감정을 가지면 이후 독해 풀이에도 악영향을 미치게 됩니다. 긍정적인 감정이 올라와야 더욱 집중력도 올라가기에 이러한 리스크를 감수하는 것은 매우 부적절합니다. 학생이 멀티태스킹에 능하다면 말리진 않겠습니다. 다만 멀티태스킹은 뇌가 동시에 작업을 처리하는 것이 아니라 왔다 갔다 하면서 작업을 처리하는 과정이란 걸 명심해야 합니다.

나) 독해문항

독해 문항은 다섯 단계로 구분해서 문제를 풀 것을 추천드립니다. 문항의 난이도와 객관적 데이터인 정답률과 문제 유형으로 구분하였으며 가장 집중도를 올리기에 적합한 순서입니다. 대부분의 학생은 이 순서가 잘 맞습니다. 본인이 정 안 맞는다고 느껴질 경우에는 순서를 과감히 바꿔도 상관없습니다.

1st step

가장 쉬운 문제인 평균 정답률 97퍼센트인 목적 문제 18번 + 심경 변화 19번 + 도표 25, 26, 27, 28번 + 어법 29문항을 해결하자.

2nd step

맨 뒤의 장문으로 넘어가서 정답률이 8-90퍼센트인 43, 44, 45번 문항 + 선지가 한글로 이루어진 주장 문제 20번과 요지 문제 22문항을 해결하자.

여기까지의 문제만 다 푼다고 해도 듣기를 다 맞췄을 경우 62점에 해당합니다. 즉 여러분들은 독해에 10분도 안 되는 시간을 투자하여 최소 4등급인 62점을 확보할 수 있습니다.

3rd step

21, 23, 24번 밑줄, 주제 그리고 제목 문제를 해결한 후 35의 흐름 문제와 40의 요약 문제를 해결하자.

4th step

36, 37번 순서 문제와 38,39의 삽입 그리고 41,42의 장문 문제를 해결하자.
39번 문제는 최근 어렵게 나오기 때문에 문제가 잘 안 풀린다면 바로 뒤로 넘어가시면 됩니다.

5th step

30번 어휘 문제를 먼저 풀고 난 후 31, 32, 33, 34번 빈칸을 해결하자.

이렇게 제가 구분해 놓은 5단계로 풀어야만 하는 이유를 3가지 말씀드리겠습니다.

첫 번째는 최소한의 점수의 확보가 가능합니다.

중하위권의 학생들은 확실히 맞출 수 있는 문제부터 풀고 시작합니다. 적어도 60점의 점수 확보가 가능합니다.

승부욕이 강하고 완벽주의적 성향이 강한 학생들은 초반부에 어려운 문제를 마주할 때 "나는 절대 지지 않아"와 같은 파이터 기질로 초반부 문제와 힘겨루기를 합니다. 하지만 문제가 많이 남은 상황에서 생각한 것과는 다르게 초조해지고 걱정 때문에 문제 해결력은 떨어집니다. 시간에 쫓기며 초조한 상태에서는 오답이 높습니다. 시간만 뺏기며 문제도 틀립니다. 최악의 경우에는 최상위권 학생도 문제를 완주하지 못하게 될 수 있으며 난생처음 70점대를 받을 수도 있습니다.

두 번째로는 어려운 문제의 정답률 또한 올라갑니다.

빠르고 쉬운 문제를 골라서 풀어버리고 어려운 문제들만 남을 때 훨씬 마음도 안정되며 더욱 집중해서 풀 수 있습니다. 문제 해결력도 상승하게 됩니다. 쉬운 문제들만 골라서 풀기에 흐름이 끊길 염려도 없습니다. 집중력과 감정 상태의 가장 선순환에 이르렀을 때 어려운 문제들을 마주할 수 있습니다.

세 번째로는 여러분들의 넘기지 못하는 습성 때문입니다.

가장 어릴 때부터 듣는 말 중 하나는 어려운 문제가 나오면 뒤로 넘기라는 말입니다. 하지만 이렇게 들은 말을 실제로 잘 행하는 경우는 많지 않습니다. 실제로 행한다고 하더라도 어느 정도 시행착오를 겪은 후에 실천하는 경우가 많습니다. 하지만 [휘랩연구소]가 제시한 길을 따르면 시행착오를 할 필요가 없습니다. [휘랩연구소]는 기출 문제의 정답률에 근거해서 문제 푸는 순서의 길을 만들어 놓았습니다. 여러분들이 애써서 어려운 문제를 넘길 필요도 없으며 직접 문제를 맛보고 뒤로 넘기는 사소한 시간 낭비도 줄일 수 있습니다.

2) 문제 유형별 전략적 풀이 방법

이제부터는 위의 5단계를 적용하여 각 문항에 대해서 구체적으로 어떻게 접근해야 하는지 설명드리겠습니다. 최대한 핵심만 설명드리고 자세한 설명은 [휘랩연구소] 강의를 통해 더욱 상세히 진행하도록 하겠습니다.

영어는 70분 동안 45문제를 푸는 시험이기에 시간 관리가 핵심입니다. 따라서 쉬운 문제는 빠르고 쉽게 풀고 어려운 문제는 정확하게 푸는 것이 영어 풀이의 핵심이라고 할 수 있습니다.

가) 18번 목적 문제 풀이 방법

18번 목적 문제의 경우 정답률이 96% 이상이기에 빠르고 쉽게 맞춰야 합니다. 여러분들은 영어시험을 장애물 달리기라고 생각하시면 됩니다. 쉬운 장애물들은 누구나 넘습니다. 다만 얼마나 힘을 덜 들이고 빠르게 넘느냐가 기록을 단축시키는 중요한 요소입니다. 단축한 시간, 그리고 비축한 힘은 뒤의 어려운 장애물을 넘는 데 써야 합니다.

18번 문제를 보기에 앞서, 평가원에서 공지한 이 문제의 출제 의도와 취지를 살펴보겠습니다. 수험생들이 이 부분을 간과한 채 무작정 문제 풀이에 들어가지만 후에 로스쿨 입학시험이나 어떤 시험이든 문제를 풀기에 앞서 그 출제기관의 사이트에 올라와 있는 시험의 목적과 취지를 확인하는 습관을 들여야 합니다.

< 평가원에서 제시한 문제 취지와 해결방법 >

1) 반복적으로 사용되는 어구 / 표현에 주목할 것

2) 먼저 목적을 드러내는 주요 어휘와 글의 형식, 수신자 발신인의 관계 파악

3) 목적은 축하, 요청, 추천, 문의, 설명, 확인, 경고, 통보, 안내, 홍보, 감사, 거절 / 연기, 제안 / 제공과 같은 다양한 목적 유형이 있다.

4) 역접의 연결사 이후에 목적이 제시되는 경우가 많다.

주요 어휘를 파악하는 것과 역접의 연결사를 주의하는 것이 중요합니다. 목적 문제에서의 주요 어휘란 조동사나 서술어와 같이 목적을 드러내는 서술어를 지칭합니다. 주요 어휘 뒤에는 그 지문의 목적이 담긴 문장이 등장하기 때문에 결국 주요 어휘를 찾고 그 주요 어휘가 포함된 문장을 올바로 해석하면 정답을 찾는 지름길이 됩니다.

please (정중한 제안)

would(will) you? (정중한 부탁)

would like to (소망, ~하고 싶다)

wonder if (여부를 궁금해하다)

look forward to (~을 기대하다)

may(can, shall) I (내가 해도 될까요?)

또한 주의해야 할 부분은 바로 역접의 접속사와 그 외 역접의 표현들입니다.

위 4)에 적시되어 있듯이 역접의 접속사 뒤에는 목적이 제시되는 경우가 많기 때문입니다. 다음과 같은 표현들이 있습니다.

but, however, yet, nevertheless, still, even so, though, although, since~, in the past, some people

결국 우리가 해야 할 것들을 정리해드리겠습니다.

< 문제 풀이 방법 >

1. 지문의 목적이 무엇인지 생각하며 읽기

2. 빈출 주요 어휘 암기

   (그동안 목적 문제에서 나왔던 모든 주요 어휘를 정리한 자료집)

3. 역접 접속사부터 확인 후 그 뒤의 문장에서 주요 어휘 확인

   → 주요 어휘가 포함된 문장을 올바로 해석

4. 역접의 접속사가 없을 경우 지문 전체에서 주요 어휘 확인 후 포함된 문장 해석

이 풀이법을 통해 문제를 해결한다면 주요 어휘와 역접의 표현들만 암기하여 시험에서 그 주요 어휘가 포함된 문장만 골라낼 수 있습니다. 올바르게 해석한다면 나머지 80%의 지문을 읽지 않고도 빠르고 정확하게 문제를 풀 수 있을 것입니다.

나) 19번 심경변화 문제 풀이방법

이 문항에선 수학적 기호인 + / - / △ 로 가볍게 표시해서 문제를 푸는 것이 효과적입니다. 즉, 긍정의 표현 단어에는 +를 부정의 표현 단어에는 −를 중립의 표현 단어에는 △를 표시하여 문장을 다 해석하지 않고도 심경의 변화가 +에서 −로 변했다는 걸 눈으로 확인 후 그와 같이 긍정에서 부정의 단어로 변화가 이루어진 선지를 고르면 됩니다.

< 문제 풀이 방법 >

1. + / - / △ 단어를 모두 암기

   (목적 기출 문제에 나왔던 모든 주요 어휘를 정리한 자료집)

2. 지문의 가운데를 임의로 잘라서 나눕니다.

3. 윗 지문에서 심경, 분위기, 상황을 드러내는 표현을 2개 이상 찾아서 + / - / △ 로 표현합니다. (feel, felt 와 같은 단어 주의)

4. 아래 지문에서 심경, 분위기, 상황을 드러내는 표현을 2개 이상 찾아서 + / - / △ 로 역시 표현합니다. (feel, felt 와 같은 단어 주의)

5. 지문의 위 / 아래가 + / - / △ 로 간단히 도식화해서 어떻게 변화되었는지 확인 후 선지에서 동일한 변화를 고르기 (이때 굳이 선지의 단어의 의미를 정확히 해석할 필요 없이 긍정인지 부정인지만 확인하면 됨)

6. 겹치는 선지나 중립적인 단어는 주의

이렇게 심경 문제를 풀 경우 긍정과 부정 그리고 중립적인 표현들만 찾으면 나머지 문장들은 해석하지 않아도 되기에 역시 많은 시간을 절약할 수 있게 됩니다.

다) 25, 26, 27, 28번 도표 문제 풀이 방법

도표 문제는 결과론적으로 보면 쉽지만 생소한 단어들이 등장하고 평소 자주 쓰지 않는 표현들이 있어 주의해야 합니다. 시간 단축이 핵심이며 선지를 읽는 순서는 정답률에 근거해 3-4-5-1-2 순으로 확인해 나갑니다. 평가원에서 적시한 사항을 확인해 보겠습니다.

평가원에서 적시한 내용만 보아도 위 도표 문제는 뒤의 문제들과 달리 추론 과정을 배제해야 합니다. 3번 지시사항을 보면 전체 지문을 신속하게 파악한 후에 필요한 부분만 발췌해서 독해할 것을 지시해주고 있습니다. 이는 필요하지 않은 문장은 결코 읽을 필요가 없다는 뜻이기도 합니다. 이에 따라서 저희가 문제를 푸는데 필요한 것들은 다음과 같습니다.

< 문제 풀이 방법 >

우리가 평소 쓰지 않는 생소한 표현들이 등장하기에 숙지해 놓는 것이 시간을 절약 하는데 핵심입니다.

1. 주요 표현 외우자

account for: 차지하다

A follow B: A가 B를 따르다 (B가 먼저, A가 나중)

A be followed by B: A가 B에 의해 따름을 당하다 (A가 먼저, B가 나중)

증가/감소, 서수 표현, 배수, 최상급, 비교급, 분수

2. 영어 문장만 독해하지 말고, 선지와 도표를 비교하면서 독해하자

3. 도표를 보고 직관적으로 도출해낼 수 있는 정보들,

　 예를 들어, A국이 B국보다 SNS에 개인정보를 게시하는 비중이 더 높다는 점, 점차 증가

　 또는 감소하는 추세라는 점, 특정 항목에서의 격차가 다른 항목에 비해 월등히 크다는 점

　 등은 선지로 넘어가기 전에 미리 어느 정도 예측한 후 선지에서 확인하는 방식으로 풀이

4. 어색하거나 이질적인 단어가 나오면 제목 & 항목을 보자

5. 정답 선지는 크다 / 작다, 두 배 / 세 배, 증가 / 감소 등의 표현을 사용한다는 것을 유의

　 하자

6. 선지의 순서는 3-4-5-1-2 순서로 확인하자

라) 29번 어법 문제 풀이 방법

　어법을 정확하게 이해하고 있다면 문장을 해석하지 않아도 풀어내는 게 가능하다는 의견

들이 많습니다. 절반은 동의하고 절반은 동의하지 않습니다. 문장에서 기능하는 어법들을 확

인하려면 어느 정도의 해석은 바탕이 돼야 할 수밖에 없습니다. 특히 능동과 수동을 구분하는

과정에서는 해석이 큰 도움을 주는 경우가 많습니다. 그럼에도 어법을 정확하게 이해하고 있

다면 해석 없이도 문제를 풀 수 있는 것도 사실입니다. 하지만 어법은 훨씬 방대하여 이 책자

에서 모든 걸 설명드릴 수는 없기에 특징과 유형만 간략히 설명드리겠습니다.

< 어법 문항의 특징 >

1. 주어보다는 동사를 바꾸기가 쉽기에 동사의 형태가 변형되어 나오는 경우가 많다.

2. 동사의 형태를 본 후 주어를 찾아서 확인한다.

3. 주어는 전치사구, 부사(절), 관계절, 분사와 같은 필수적이지 않은 수식어구들이 많이

　 붙어있어서 길어 보이는 경우가 많다.

따라서 문제를 해결하기 위해서는

> ### < 문제 풀이 방법 >
>
> 1. 시제, 수 일치, 수동 / 능동과 같은 여러 문법 요소를 구체적으로 따져 보자
>
> 2. 문장을 구성하는 기본적인 문법 지식을 알자
>
> 3. 글을 구성하는 다양한 문장 구조의 특성을 알자

어법 문제의 유형으로는

동사의 유무를 파악하는 문제, what / that 구별 문제, 능동 / 수동, 병렬, 수 일치, 대명사 수 일치, 전치사 + 관계대명사, 형용사 / 부사 구별 문제, 대동사, that / it 기능 구별 문제 등이 있습니다.

> ### < 어법 문제의 유형 >
>
> 1. 동사 (유무 확인, 수 일치)
>
> 2. 관계대명사, 관계부사, 명사절의 구별
>
> 3. 분사 (능동 / 수동, 뒤에 목적어)의 형태 고르기
>
> 4. 부사, 형용사, 대명사와 관련 어법

어법 문제는 기본적인 문법을 모르면 풀 수가 없기에 [휘랩연구소]에서 진행하는 어법 특강을 수강할 것을 추천합니다. 그리고 어법 같은 경우는 45문제 중 1문제에 불과하기에 어법을 따로 잡고 갈 시간이 없는 중하위권 학생은 다른 문제에 투자하는 것도 하나의 방안입니다.

마) 43, 44, 45번 장문 문제 풀이 방법

시간 단축이 가장 많이 이뤄질 수 있는 문항입니다. 다른 지문들과의 차이점은 전문 지식이나 설명문이 아닌 실용문 즉 동화 같은 내용이 등장한다는 것입니다. 45번의 한글 선지를 적극 활용하고 이를 토대로 어느 정도 상상해 보아 선입견을 갖고 지문에 들어가는 것을 강력히 추천 드립니다.

< 문제 풀이 방법 >

1. 45번의 5개의 선지는 전부 한글로 이루어져 있습니다. 그리고 그 중에서는 하나의 틀린 선지만 있기에 1,2,3,4,5 선지를 정확히 읽을 경우 장문의 내용의 전반을 미리 파악할 수 있습니다. 이 5개의 선지를 읽을 때 저는 내용의 흐름을 혼자서 상상하면서 대강의 내용을 미리 파악하고 영어 지문의 해석에 들어갔습니다.

2. 다음으로 제시되어 있는 A 지문을 읽으며 44, 45번의 선지에서 지울 수 있는 것들을 지워나갑니다. 특히 45번의 1번 선지는 A 문단에 포함되어 있는 경우가 많으니 유의하면서 읽습니다.

3. A 지문에 이어질 다음 문단을 찾기 위해 B,C,D의 첫 문장만 읽고 A 다음에 이어질 문단을 찾습니다. 이 경우 순서의 문제 유형에서 배우는 지칭과 같은 단서와 내용상의 연결 흐름을 확인하는 것이 핵심입니다. 여기서는 A 문단 다음에 B 문단이 나온 적은 수능 역사상 단 한 번도 없었기에 그 점 또한 선입견을 두고 C,D지문 위주로 보는 것이 효과적입니다.

4. 그렇게 장문의 순서만 잡히면 절대 남은 부분을 독해하지 않는 것이 중요합니다. 이 부분에서 굉장히 많은 시간이 절약되기 때문입니다. 그렇게 44번, 45번의 남은 선지를 찾아서 해결하면 문제는 해결됩니다. 특히 44번 문제는 지칭 대상이 다른 것을 찾는 문제이기에 해결하는 과정에서 선지 밑에 헷갈리지 않게 이니셜을 적시하는 것이 유리합니다.

설명드린 것 외에도 많은 유형들과 그 문항에 대한 적합한 문제 풀이 방식이 있지만 이 책에서 설명하기에 지면상 한계가 있습니다. [휘랩연구소] 특강이나 정규 수업 등을 통해 설명드리도록 하겠습니다.

마지막으로 앞에 언급했던 듣기 문항에 대한 공부 방법을 설명드리고 마무리하겠습니다. 듣기 문항은 다 맞추면 37점을 얻을 수 있는 부분이지만 생각보다 하위권 학생들의 경우 듣기를 다 맞추지 못합니다. 한편 듣기는 투자 대비 가장 큰 효과를 볼 수 있는 부분입니다. 듣기를 다 맞추지 못한다면 하루 30분 투자로 꼭 듣기를 만점 받으시길 바랍니다.

 듣기 문항 학습법에는 3가지 원칙이 있습니다.

---

1. 처음 들을 때는 실제 시험처럼 집중하여 멈추지 말고 완주하자

2. 틀린 문제 및 맞은 문제라도 체크 한 문항들은 다시 들어보자

3. 다시 틀리거나 맞아도 스크립트가 와닿지 않는 문항은 대본을 펴놓고서 같이 듣자 (이때 반드시 본인이 직접 말로 그 발음을 따라 말하는 게 중요합니다)

---

 1) 처음 들을 때는 실제 시험처럼 집중하여 멈추지 말고 완주하기

하위권 학생들은 듣기를 연습하면서 실제 시험임을 망각하고 안 들리거나 놓치면 멈추는 경우가 많습니다. 실제 시험 패턴에 대한 연습도 안 될 뿐만 아니라 집중력도 떨어집니다. 듣기를 다 듣고 나면 40분 이상이 지나있는 경우도 많습니다.

반드시 실제 시험이라고 생각하고 듣기에 임하시길 바랍니다. 듣기를 하면서 조금이라도 문항의 흐름이 파악되지 않는다거나 헷갈리는 문항, 스크립트의 절반 이상이 들리지 않는 문항은 반드시 체크를 해야 합니다. 체크 한 문항들은 다 풀고 채점을 하고 틀린 문항과 함께 다시 들어봐야 합니다.

듣기 시간은 실제 수능에서 영어 듣기를 시작하는 시간에 맞춰서 하시기를 바랍니다. 사소

한 습관이지만 실제 시험 시간대에 맞춰서 그 과목을 공부하는 것은 생체리듬을 맞추는 것에 적합합니다.

2) 틀린 문제 및 맞은 문제라도 체크 한 문항들은 다시 들어보기

첫 번째 듣기에서 틀린 문제 및 체크한 문항들은 다시 집중해서 듣고 풀어봅니다. 왜 틀렸는지 스스로 이해 가고 오답할 수 있다면 두 번째 듣기에서 마무리 짓습니다.

3) 다시 틀리거나 맞아도 스크립트가 와닿지 않는 문항은 대본을 펴놓고서 같이 듣기
   (이때 반드시 본인이 직접 말로 그 발음을 따라 말하는 게 중요)

두 번째 듣기에서도 오답이 되지 않고 문맥이 파악되지 않거나 헷갈리는 부분이 남아 있으면 반드시 해설서의 대본을 펴서 다시 보면서 들어야 합니다. 들리지 않았던 부분을 형광펜으로 색칠한 후 그 발음을 반드시 혼자서 따라 해야 합니다. 영어 듣기 능력을 향상시키는데 가장 효과적인 방법인 쉐도잉(shadowing)을 합니다. 쉐도잉(shadowing)이란 원어민의 말을 그림자처럼 바짝 붙어서 따라하는 발음하는 방법입니다. 영어 음성을 틀어놓고 원어민의 말을 1초 이내의 간격을 두고 (거의 동시에) 따라 말하면 됩니다. 쉐도잉을 꾸준하게 연습한다면 영어를 해석하지 않고도 감각적으로 바로 이해할 수 있는 능력 즉, 직청직해가 가능합니다.

집중해서 한다면 듣기에 총 소요 되는 시간은 30분 정도 됩니다. 매일 30분만 투자한다면 영어에서 40점 가까이 되는 점수를 무사히 받을 것입니다.

가. 영어 내신 공부의 필요성

수능만을 준비하거나, 내신이 필요 없는 전형을 준비하는 학생들이 영어 내신을 등한시하고 버리는 경우가 많습니다. 물론 전략적으로 준비하는 자세에 반대하지 않고 오히려 찬성 합니다. 하지만 세상에 절대적인 것은 없다는 것을 유념하셨으면 좋겠습니다. 지금은 내신이 안 들어간다고 생각할지라도 재수, N수를 하는 동안 전형이 바뀔 수 있습니다. 그때 등한시했던 내신이 발목을 잡을 수도 있습니다.

발목 잡지 않는다고 확신하더라도 영어 내신기간을 반드시 영어의 내공을 착실히 쌓는 기회 및 부족한 부분을 보완하는 기간으로 삼으시길 바랍니다.

내신기간에는 평상시 해두었던 수능 공부를 심화 공부 하는 기간이며 부족했던 세세한 문법을 보충하는 기간이라 생각하시면 됩니다. 수능만을 준비하는 학생보다 내신기간 공부를 한 학생이 분명 수능 영어에서도 발전된 모습을 보입니다. 영어 내신은 수능과는 다르게 '제한된' 지문 안에서 출제됩니다. 수능 공부에서 하지 못했던 세세한 ' 분석 '을 통해서 수능 구문 독해를 심화시키는 기회입니다. 문제 유형 또한 수능과 흡사하기에 문제 유형별 전략도 적용하면서 학습하는 기회이기도 합니다.

나. 영어 내신 공부 방법

내신 공부 방법을 하나의 키워드로 표현하자면 "분석"입니다.

시중에는 수많은 내신 대비법과 문제집들이 나와 있습니다. 하지만 내신은 각 학교의 특성도 다르고 학교 내에서도 선생님마다 내는 유형이 다릅니다. 사소한 팁들이나 정답이라고 주장하는 시중의 방식들도 결국 정답이 아닐 수 있습니다. 그럼에도 내신을 대비하는 기저에는 변하지 않는 진리가 있습니다. 내신을 대비하는 마인드에 "분석"이라는 키워드를 유념한다면 내신에서 우수한 성적을 거둘 수 있습니다.

"분석"을 바탕으로 영어 내신 공부방법에 대해서 간략하게 세 가지 가이드를 드리겠습니다. 이 방법으로 저는 중고등학교 때부터 내신은 반 1등 그리고 전교 10등 밖을 벗어난 적이 없었습니다. 이는 영어뿐만이 아니라 국어 과목에도 통용된다고 말씀드릴 수 있으며 이 세 가지 방법만 제대로 숙지한다면 내신에서 분명 좋은 성적을 거두실 수 있으실 겁니다.

1) 수업시간 때 열심히 듣기

뻔한 말이지만 가장 진리이기도 합니다. 하지만 여기서 말씀드리는 '열심히'는 단순 '열심히'가 아닌 질적에서 차원이 다른 몰입도를 의미합니다.

- 수업 전에는 반드시 해당 범위에 대해 10분이라도 예습합니다. 수업에서 배울 내용에 대해서 어느 정도 선입견을 가지고 임해야 합니다.

- 수업 중에는 선생님의 농담조차 필기할 정도로 모든 걸 담는다고 생각하며 집중해야 합니다.

- 수업이 끝난 직후에는 빠르게 5분이라도 방금 한 내용에 대해서 복습합니다. 이해되지 않는 부분을 체크하여 반드시 그 다음 시간까지 고민해봅니다. 해결이 되지 않으면 선생님께 질문해야 합니다.

뻔한 말이지만 간단한 진리를 다들 무시한 채 '학원에서 보강해야지. 자습서로 따로 공부해야지'와 같은 마인드를 가지고 있는 경우가 많습니다. 하지만 학교에서 상위권의 학생들 중 수업시간 때 딴 짓하는 학생이 없다는 점을 생각하셔야 합니다. 수치로 말씀드린다면 수업시간 때 위와 같이 공부한다면 여러분들이 내신 대비에 쏟을 시간의 50%는 절약할 수 있을 겁니다.

2) 분석하기

내신 공부의 꽃이라고 할 수 있습니다. 여러분들이 평소에 하는 의미 없는 지문 암기와 맹목적인 문법 공부에서 탈피하여 문장 하나하나를 음미하여 끊어보고 심도 있게 공부하는 과정이라고 생각하시면 됩니다. 분석을 통해서 여러분들은 진정한 실력을 함양할 수 있을 것이며 그동안 부족했던 내공을 닦을 수 있습니다.

1) 가장 먼저 갖춰야 할 무기는 분석서입니다. 시험 범위가 교과서, 수특, 모의고사 지문이라면 각각에 대한 분석서를 모두 갖춰야 합니다. 분석서로 시험 범위에 해당하는 모든 지문을 앞서 수능 공부에서 말씀드렸던 구문 독해하듯이 하나하나 분석하면서 공부해야 합니다. 이 책에서 언급한 수능 공부방식대로 먼저 문장이 어떤 구조로 이루어져 있는지, 그리고 해석에 불필요한 수식어구 부분은 무엇인지, 각각의 구와 절이 문장에서 어떤 역할을 하는지 생각하면서 해석해야 합니다. 즉 주어, 목적어, 보어, 수식어구 등의 각각의 기능을 표시하면서 문장을 분석해야 합니다. 당연히 어려운 단어는 따로 체크 하고 암기해야 합니다.

2) 구문 독해 외에도 평소 부족했던 문법 개념을 보충할 수 있는 기회입니다. [휘랩연구소]에서 배웠던 문법 교재를 분석서 옆에 함께 펼쳐놓은 후 한 문장에서 쓰인 문법 중 이해가 가지 않는 부분은 문법 교재를 통해서 보충 학습해야 합니다. 예를 들어, 문장에 도치구문이 쓰였다면 단순히 '음 도치법이 쓰였네' 하고 넘어가면 안됩니다. 도치법이 어느 상황에서 쓰일 수 있는지 그리고 이에 따라 문장 구조는 어떻게 변형되는지를 문법 교재를 통해서 보충 학습하고 분석서에 나와 있는 지문에 적용해 봅니다.

예를 들면 다음과 같은 문장을 볼 수 있을 겁니다.

> 1) Never have I seen such a mean man.
> 2) From the ancient grave came the treasure.

위 두 문장의 공통점과 차이점을 아시겠나요?

두 문장 다 도치가 되었다는 공통점이 있지만 강조되는 대상이 다르다는 차이점이 있습니다. 첫 번째 문장은 부정어라는 Never을 강조하여 '한번도 나는 그렇게 비열한 사람을 본 적이 없다.'는 해석이 가능하게 되죠. 즉 부정어를 문두에 내세워서 도치함으로써 '부정어 + 조동사 + 주어 + 동사' 의 순서로 어순이 바뀌게 되는 것입니다.

반면 두 번째 문장은 부사(구)를 강조하는 형태입니다. <u>From the ancient grave</u> 라는 고대 무덤으로부터 의미의 부사구를 강조하여 '고대 무덤으로부터 보물이 발견되었다'라는 해석이 가능해지게 됩니다. 강조하고자 하는 부사구가 문두에 나오고 '부사구 + 동사 + 주어' 의 어순으로 바뀌게 되는 거죠.

이처럼 두 문장이 구분되는 이유에는 도치에는 간략하게 보자면 4가지의 종류가 있기 때문입니다.

- 부정어 강조
- 목적어 강조
- 보어 강조
- 부사(구) 강조

내신에서 1번 문장을 보았다면 도치가 이뤄지는 모든 경우를 문법책에서 보고 추가 학습해야 합니다. 각각에 해당하는 경우를 간략하게 정리할 필요가 있습니다. 단순히 '1번 문장에 도치가 있구나' 하고 끝나는 게 아닌 도치가 어떠한 대상을 '강조'하기 위해서 일어난다는 개념을 이해하고 그렇게 강조되는 대상이 4가지 종류가 있다는 것 을 본질적으로 학습하는 과정이 내공을 쌓는 길입니다.

영작 공부와 서술형 대비는 많은 문장을 무조건 영작하는 과정에서 향상되는 것이 아니라 이처럼 기본 문법 뼈대를 학습해 놓고 응용하는 과정에서 향상됩니다. 해석이 잘 안 되는 문장은 서두르지 말고 곱씹으며 구조와 문법을 계속 의식하면서 직독직해가 될 때까지 반복하여야 합니다.

3) 구문 공부와 문법 공부를 평소 [휘랩연구소]에서 배웠던 대로 행한다면 반드시 내신 기간은 여러분에게 내공을 쌓는 기회로 작용할 것입니다.

하지만 이것 외에도 고려해야 할 부분은 단어입니다. 당연히 지문 내에서 모르는 단어는 없어야 하며 각각의 단어의 스펠링과 유의어, 반의어를 최대한 많이 숙지해 두어야 합니다. 이 과정 또한 위에 서술하였던 단어 공부를 통해서 평소에 10,000개의단어만 암기해 놓는다면 전혀 많은 힘이 들지도 않고 수월합니다. [휘랩연구소]에서 가르치는 학생들은 평상시에 단어를 많이 암기해 두었기에 내신 구문에서 나오는 유의어 반의어 등을 따로 암기할 필요는 없습니다. 그저 평상시에 공부했던 구문 독해를 내신 지문에 세세하게 적용해본다는 생각으로 공부할 뿐이었습니다.

3) 기출 문제 풀기

이제는 직접 문제를 풀면서 객관식에 대비해야 합니다. 물론 서술형도 직접 써보는 과정을 통해서 내가 제대로 구문 학습이 이루어졌는지 확인할 수 있습니다. 제일 중요한 것은 맹목적인 지문 암기는 금물이라는 것입니다. 지문을 아무 이유 없이 무작정 암기하는 학생들의 경우가 있는데 분명히 도움은 됩니다. 하지만 앞서 말씀드렸던 2)번의 분석 과정이 제대로 이루어진다면 할 필요가 없습니다. 문장 하나하나를 그렇게 뜯어보면서 음미한다면 지문 내용을 굳이 암기하지 않아도 저절로 문장의 내용과 지문의 내용이 숙지가 됩니다. 오히려 지문의 내용이 변형된다면 여러분들이 맹목적으로 암기하였던 지문의 내용에 대한 숙지가 독이 될 수도 있습니다. 암기에 대한 집착은 버리시고 2)번 '분석' 과정을 제대로 하시길 바랍니다.

지문의 내용에 대한 학습은 문장 하나하나를 암기한다는 생각보다는 전체 지문의 주제가 무엇인지를 한 문장으로 적어놓습니다. 그 다음 문단별 주제 문장을 직접 본인이 한글과 영어로 써봅니다. 영어로 쓰지 않더라도 전체의 주제와 각 문단별로의 주제를 파악한 후에 어떤 흐름으로 글이 이어지는지를 국어 지문을 분석하듯이 정리해 놓는다면 내용에 대한 숙지는 마무리됩니다.

더 하실 필요도 없으며 1)전체 글의 주제, 2)각 문단의 주제, 그리고 3)글의 흐름 이 세 가지만 기억하세요.

그 후에는 실제 문제를 풀면서 우리가 수능에서 배웠던 문제 유형별 전략을 써먹으시면 됩니다. 순서 문제를 풀 때 배웠던 대로, 주제 문항을 풀 때는 배웠던 대로, 그렇게 평상시에 학습하였던 무기들을 내신에서 실제로 적용하면 됩니다.

16. 주어진 글 다음에 이어질 글의 순서로 가장 적절한 것은? [3.3점]

I think keeping my pet in my apartment gives me both benefits and difficulties. I live in a small apartment. Before I got my pet, i felt lonely. I didn't have a chance to meet neighbors. Now, I don't feel lonely because i am always with my pet.

(A) However, there are some difficulties. I have to keep him quiet and be careful when I walk with him. It might disturb my neighbors.

(B) Besides, I get a chance to meet. other people because my pet leads me to them around my apartment building. Also, I get out more and get more exercise because I have to walk my pet.

(C) In addition, there are some residents who think it is not good for their health to have pets around their apartment.

① (A) - (C) - (B)   ② (B) - (A) - (C)

③ (B) - (C) - (A)   ④ (C) - (A) - (B)

⑤ (C) - (B) - (A)

위 문제는 고등 1학년 내신에 나온 기출 문제입니다. 수능 유형인 순서 맞추기 유형과 동일합니다. 어려운 내신 문제들은 단순히 지문을 암기하는 것만으로 풀려고 할 경우 오히려 틀리게끔 출제됩니다. 지문을 암기하여 푼다는 생각이 아닌 수능 학습할 때 배웠던 방식대로 실제로 낯선 문제를 푼다는 생각으로 스스로 사고하여 푸셔야 합니다.

순서 문제는 연결사, 대명사, 지칭어를 먼저 확인하여 내용의 흐름을 파악하는 방식으로 접근해야합니다. 물론 지문 내용을 그대로 옮겨놓아 암기된 지문의 내용으로 몇 초만에 풀리는 문제도 있습니다. 다만 그런 문제들은 전혀 변별력이 없습니다.

마지막으로 한번 더 강조하겠습니다. 단기적인 시각으로 그저 해석본의 한글 지문을 읽으면서 내용만 암기하자는 생각은 꼭 버리시길 바랍니다. 반드시 내신은 '수능을 위한 토대' 이자 '실직적인 영어 실력의 향상을 위한 기회' 라는 점을 유념하셨으면 합니다. 기억에 의존한 내신 문제 풀이 방식과 대비법을 버린 채 제한된 내신의 지문 모두를 하나하나 분석하여 구문 독해의 기초를 쌓고 부족한 문법에 대한 공부를 하시길 바랍니다.

다. 기간 잡기

기간은 학생들이 처한 상황, 환경마다 다르게 잡아야 합니다. 하지만 개인적으로 내신 기간을 길게 잡는 걸 추천하지 않습니다. 공부는 약간의 제한된 시간 속에서 최고의 집중도 를 발휘할 수 있습니다. 내신 기간은 본인이 생각하는 기간 보다 1주일 당겨서 잡으시길 추천합니다. 저 같은 경우는 고1 때는 3주, 고2 때는 2주, 고1 때는 1주만 잡고 내신을 준비하여 평균 등급 1.7등급(SKY를 매해 60명 이상 보내는 외고 수준의 고등학교)을 유지하였습니다.

위에서 말씀 드린 대로 수업시간과 5분 예습. 복습을 적극 활용한다면 내신 기간을 절반 이상 줄일 수 있습니다. 영어뿐만이 아닌 모든 과목에 통용되는 방법이니 꼭 학생분들은 습관 들이길 바랍니다.

4. 추천 교재

단연코 [휘랩연구소]에서 자체 개발한 교재들을 추천드립니다.

그 외에 지금까지 설명드렸던 학습법에 필요한 시중 교재들을 추천드리겠습니다.

1) 단어는 경선식 영단어를 추천드립니다.

연상식 암기법은 기존 암기법과는 다르게 사람의 기억 속에서 훨씬 장기적으로 저장될 수 있도록 합니다. 앞에서 approach는 '어퍼, 어퍼컷을 치려고 접근하다' → 따라서 '접근하다.' 라는 식으로 외우려고 하셨다면 아직도 기억하시는 분이 계실 겁니다. 암기에 자신 있었음에도 로스쿨에서조차 시험 직전 모두 연상법을 활용하여 법과 요건 그리고 판례 등을 외웁니다. 많은 변호사시험 강사들도 100% 전부 연상법을 통한 암기법을 활용하여 강의를 합니다. 법학은 터무니없이 많은 양이기에 이렇게 하지 않을 경우 암기가 사실상 불가능하기 때문이죠. 그렇기에 연상법을 활용하여 집필된 '경선식 영단어'를 추천합니다. 적중률도 높은 편이기에 저는 거리낌 없이 이 책을 선택했습니다. 그 결과 경찰대 단어 시험에서 만점을 받았었고 수능에서도 모르는 단어는 단 1개도 없었습니다.

2) 구문독해는 천일문을 통한 학원 학습을 추천 드립니다.

앞서 계속해서 강조했었던 구문독해는 천일문에 가장 잘 정리되어 있습니다. 그리고 이러한 천일문은 혼자 독학하시는 것보다 반드시 학원에서 체계적으로 배우시는 걸 추천드립니다. 학원에서 배울 경우 문장의 각 요소들이 어떠한 역할을 하는지 더욱 체계적으로 배울 수 있으며 매 수업 때마다 시행되는 test를 통해서 본인이 정확히 이해하고 있는지 점검받을 수 있습니다. 나아가 본인에게 부족한 문법에 대한 기본 개념 설명을 같이 병행하면서 배울 수 있기에 반드시 학원에서 수업을 들으시길 추천드립니다. 학원에서 진행하는 천일문 특강을 제대로 소화한다면 영어에 대한 내공을 확실히 쌓을 수 있는 기회가 될 것이라고 확신합니다.

3) 듣기는 마더텅 교재를 추천 드립니다.

듣기는 어떠한 교재든 크게 상관은 없습니다. 그럼에도 단어와 영어 스크립트가 가장 깔끔히 정리되어 있어서 마더텅을 추천 드립니다. 수능을 앞둔 수험생이라면 EBS 수능특강 듣기를 꼭 공부하시길 바랍니다. 현재 기준 EBS 수능 특강은 수능에 간접 연계로 출제되기 때문에 EBS에 나온 듣기 소재와 단어에 친숙해지는 게 좋습니다.

이 모든 과정들을 거치기에는 초·중학교 때부터 영어를 포기하여 따라가기에 벅차다고 느껴지시는 분들도 분명 계실 겁니다. 그럴 경우 [휘랩연구소]에서 자체적으로 진행하는 교재가 있으며 [휘랩연구소]에서 진행하는 문법 기본 과정을 통해 꼭 기본을 숙지하시고 가길 추천드립니다. 상위권 학생들의 경우에도 문법이 약점이라고 생각한다면 이 과정을 거치시길 추천드립니다.

3

메디컬/로스쿨
상위 1%가 되기
위한 중고등 학습법

1. 공부를 해야 하는 이유와 목적 설정하기

지금까지는 영어에 대한 구체적인 학습법을 설명드렸습니다. 이제부터는 영어가 아닌 다른 영역에도 갖춰야 할 마인드에 대해서 말씀드리겠습니다.

모든 공부의 첫 번째 단계는 이유와 목적을 설정하는 것입니다. 이것이 모든 공부의 기본이며 기나긴 수험생활에도 흔들리지 않게 해주는 본인의 구심점 역할을 해줍니다. 특히 무언가를 하기 전에 반드시 그에 대한 타당성과 이유를 찾아야 하는 학생의 유형이라면 이러한 과정은 꼭 거쳐야 합니다. 하지만 딱히 특별한 이유가 없어도 주어진 일을 묵묵히 성실히 하는 학생의 경우라면 이러한 이유를 찾지 않아도 공부하는 데에는 지장이 없습니다. 그렇더라도 장기적으로 보았을 때 본인이 어느 학과를 지망하고 무엇이 되고 싶은지에 대한 깊은 성찰을 할 수 있는 기회입니다. 그리고 공부에 대한 자극이 될 수 있습니다.

공부에 대한 이유를 스스로 찾기 위해서 고2 2학기 내내 도서관에서 공부에 관련된 책은 전부 읽어보았습니다. 고시 3관왕으로 유명한 고승덕님의 책부터 홍정욱님의 7막 7장 등 하루도 빠짐없이 도서관에 갔습니다. 학교 내신도 버려둔 채 책을 읽었습니다. 수많은 책에는 공부를 잘하는 법에 관련된 내용은 담겨있었습니다. 그러나 정작 우리가 공부를 왜 해야 하는지에 대한 내용은 없었습니다. "과연 SKY대학에 가면 그 삶은 성공이고 행복인 것인가? 그렇다면 성공은 무엇인가?" 이런 본질적인 의문에 대한 해소가 되지 않는다면 슬럼프가 자주 오거나 공부에 집중할 수가 없었습니다.

결국 제 나름의 답은 수많은 책을 읽어 본 후에 깨달을 수 있었습니다. 그러한 깨달음은 중요한 시기에 소비한 8개월의 방황과 공백을 메우고 수능 때까지 몰입할 수 있게 해주었습니다. 나아가 대학을 졸업한 후 로스쿨 입시에까지 큰 힘이 되어주며 삶에 있어서 큰 신념으로 작용하였습니다. 이런 과정이 꼭 필요한 학생들의 경우 반드시 시간을 내서 본인만의 이유를 찾았으면 좋겠습니다. 혼자서 이러한 과정이 힘들 경우 [휘랩연구소] 멘토링과 컨설팅을 통해서 학생들이 겪어야 할 시행착오를 줄여드리고 있습니다. 또한 학생들이 나아가야 할 올바른 방향과 이유를 찾게끔 도와드리겠습니다.

2. 본인의 목표와 방향성 수립하기

앞선 목차는 공부를 해야 하는 본질적인 이유와 목적을 말하는 것이라면 여기서는 좀 더 구체적으로 들어가서 본인이 어느 대학, 어느 학과를 목표로 향해 공부해야 하는지 구체적인 세부전략 단계입니다. 당연히 그에 따른 방향성도 달라질 것입니다.

1.단계에서 '세상의 많은 억울함을 당하는 약자들을 위해 희생하는 삶의 보람을 찾겠어.'라고 가치관을 정립하였다고 가정해봅시다. 2.단계에서는 '그러려면 사회적 정의를 구현하는 법조인이 되겠어.'라는 목표를 정합니다. 이에 맞춰서 로스쿨에 적합한 학교와 학과를 설정합니다. 목표는 구체적일수록 본인에게 더욱 강한 동력을 불러일으킵니다.

3. 계획과 공부시간

목표와 방향성을 정했다면 본인의 구체적인 계획을 세워야 합니다. 계획을 세우는 방법을 말씀드리기 전에 슬프지만 인정해야 할 진리를 말씀드리겠습니다.

"계획은 지켜지지 않는다."

계획을 세울 때는 반드시 장기적인 계획을 먼저 세우고 그에 따른 구체적인 계획을 세우는 등 여러 가지 방안이 있습니다. 하지만 계획은 지켜지지 않습니다. 우리는 그 사실을 먼저 알고 계획을 세워야 합니다. 이 말은 계획 없이 하루하루를 보내란 뜻이 아니라 장기적인 미래에 너무 집착하지 말고 그날 하루에 할 분량을 달성하는 것에 집중하라는 뜻입니다. 장기적인 계획은 반드시 변화하기 마련이고 지금 그 모든 것을 알 수도 없습니다. 그렇다고 미래에 대한 구상 없이 나아가면 불안감을 느낄 수도 있으니 큰 틀만 세워두길 바랍니다. 그리고 다시 하루 단위로 철두철미하고 세세하게 쪼개지 않습니다. 6개월 안에 끝내야 할 국어, 영어, 수학 문제집 정도만 정해놓고 이번 달 안에 어디까지 끝낼 것인지, 그래서 오늘 내가 해야 할 것은 무엇인지에 초점을 두시길 바랍니다.

여러분이 정말 집중해야 할 것은 6개월의 계획이 아닌 오늘의 계획입니다. 여기서 중요한 것은 여러분은 하루 공부시간을 얼마를 채워야 한다고 생각하시나요?

정답은 '정해진 건 없다.' 입니다. 공부시간에 초점을 맞추지 말고 여러분이 해야 할 분량에초점을 맞추시길 바랍니다. '난 하루에 12시간은 공부할 거야'가 아닌 '난 오늘 반드시 이 책만큼은 다 끝내고 말겠어'라는 마인드로 바꾸시길 바랍니다. 그리고 그렇게 정한 최소분량만큼은 정말 무슨 수가 있더라도 달성한다는 마인드로 하시길 바랍니다.

분량을 끝내고 난 후 남은 시간은 본인에 대한 보상시간으로 누려도 괜찮습니다. 시간에만 초점을 둘 경우 집중도 없이 책상에 앉아서 시간만 흘려보내는 경우가 많습니다. 성취감도 들지 않고 책상에 오래 앉아 있다 보니 육체적으로는 피로해지게 됩니다. 하루 12시간을 공부하게 되면 사실상 하루에 쉬는 시간은 거의 없다 보니 결국 슬럼프를 겪게 됩니다. 정말 중요한 것은 '내가 하루 할 분량에 얼마나 몰입하느냐'입니다. 몰입의 여부가 여러분의 성패를 좌우합니다.

» Check point «

1. 계획은 큰 틀로만 짜자.

   (너무 집착하지도 말고 연연하지도 말 것)

2. 하루해야 할 분량에 초점을 두자. 달성하면 남은 시간은 보상시간으로 누리자.

3. 분량은 크게 1) 목표 달성량 과 2) 최소 분량 2가지를 작성하자.

   최소 분량만큼은 반드시 달성하도록 하자. 만약에 달성하지 못한다면 그다음 날에는 분량을 줄이자.

이 방식은 너무 미래가 아닌 오늘 '하루'에 집중할 수 있게 해줍니다. 시간이 아닌 '양'에 집중하고 몰입도를 높여줍니다. 그리고 얼마만큼 몰입하느냐가 여러분의 수험생활의 성패를 결정짓습니다.

4. 각 과목별 전략

    모든 과목에 대한 구체적인 공부 방법을 적시하고 싶지만 그러기에는 너무 분량이 길어질 것 같아 가장 중요한 원칙만 말씀드리겠습니다.

    과목별로 가장 중요한 것은 '균형'을 유지하는 것입니다. 현재 어느 과목이 약하다고 해서 그 과목에만 올인하고 다른 과목을 등한시하는 것은 그 다른 과목마저 약점으로 만드는 공부 전략입니다. 적어도 문과생의 경우에는 국어, 영어, 수학 3과목의 비율을 조정할 수는 있어도 한 과목도 하루에 쉬는 과목은 없도록 하는 게 중요합니다. 저는 평상시에 국어, 영어, 수학을 1.5대 1대 2의 비율로 공부를 하였습니다. 상황에 따라 보충이 필요한 과목의 비율을 늘렸습니다.

4

문과의 꽃, 최상위
로스쿨에 입학하기
위한 중고등 로드맵

지금부터 말씀드릴 부분은 법조인을 희망하거나 아직 명확한 꿈을 정하지 못한 수험생들에게 로스쿨생으로서 법조인이라는 길에 대해서 소개해드리고자 합니다. 로스쿨에 입학하기 위해서는 어떻게 하는 것이 우월전략인지 어떠한 곳에서도 공개되지 않은 전략을 설명드리겠습니다.

저는 로스쿨 준비를 대학교 졸업 직전에 하기 시작했습니다. 그때까지 학점관리나 일체 다른 준비가 되어있지 않은 상태였습니다. 그럼에도 단 4개월을 투자하여 제가 갈 수 있었던 최고의 서울권 로스쿨에 입학하였습니다. 대학교에 입학할 때부터 로스쿨을 염두에 두고 4년간의 치열한 학점관리와 여러 가지 법 관련 활동들을 차곡차곡 해오는 학생들에 비해 굉장히 단기간 내에 입학하였습니다. 이것이 가능했던 이유는 저의 상황을 객관적으로 분석하고 그에 맞춰 최선의 전략을 짰기 때문입니다. 만약 이런 최고의 전략들을 중고등학생 때부터 가슴 속에 품고 간다면 분명 최고의 법조인으로서의 커리어를 쌓을 수 있습니다.

1. 법조인의 장점

'다양성'입니다.

고등학생 때부터 본인이 정말 희망하는 진로를 발견한다는 것은 거의 불가능에 가깝습니다. 국어, 영어, 수학만 공부하며 외부에서 얻는 정보라고는 부모님의 조언과 미디어를 통해서 얻은 단편적인 정보가 전부입니다. 제한된 정보와 경험으로 본인의 반평생을 결정할 직업을 정한다는 것은 코미디에 가깝습니다. 학부모님들조차 본인들이 선택한 길이 맞는지 지금도 고민되시는 분들이 많지 않으신가요? 어릴 때부터 지녀온 투철한 사명감과 신념이 있는 극소수의 학생들을 제외하면 학생들에게 그걸 기대하는 것은 현실적으로 불가능에 가깝습니다.

그런 면에서 법조인은 여러 길로 나아갈 수 있다는 '다양성'의 장점이 있습니다. 법조인에만 판사, 검사, 변호사 등 세 가지 분야가 존재하며 변호사가 된다고 하더라도 대기업의 사내 변호사가 되는 길부터 형사전문 변호사, 민사전문 변호사, 금융전문 변호사 등 정말 다양한 진로가 존재합니다.

'법'이라는 것이 우리 사회 모든 분야에 적용됩니다. '법'이 없는 분야는 없으며 '법'을 안다면 어떤 일을 진행할 때 남들보다 전문적인 입장에 설 수 있습니다. 이는 어떤 분야든 그 분야로 진로를 틀 수 있다는 법조인의 장점이 있습니다. 결국 본인이 성취감과 보람을 느끼면서 최대한의 성과를 낼 수 있는 진로가 어느 분야인지 직접 경험하면서 결정할 수 있습니다.

지금까지 말씀드린 '다양성' 외에도 평생 일할 수 있다는 점, 마음에 들지 않으면 언제든 이직이 가능하다는 점, 상대적으로 높은 연봉과 본인이 금전적인 부분을 포기할 수 있다면 워라밸을 누릴 수도 있다는 점과 같이 여러 가지 장점도 있습니다. 아직 자신의 진로를 명확히 정하지 않은 학생들은 '법조인'이라는 진로에 대해서도 고려해 보시면 좋습니다.

2. 객관적인 대학 선정

무조건 SKY에 입학하는 것이 유리합니다. 매해 로스쿨생의 60% 이상이 SKY학부생인 걸 고려하면 이는 당연한 추론입니다. 학벌이라는 부분이 명시적인 평가 요소로 들어가 있지는 않지만 모두가 알고 있는 사실입니다.

하지만 소위 우리가 알고 있는 서성한중경의 경희대 이상의 학교에 입학하지 못할 상황이고 정말로 로스쿨을 희망한다면 과감히 지방거점국립대에 입학하는 것을 추천드립니다. 여기서 말하는 지방거점국립대는 로스쿨이 존재하는 대학을 말합니다. 전국에 로스쿨은 25개가 있습니다. 절반의 로스쿨은 소위 말하는 서울권의 명문대학교에 있습니다. 그 외의 로스쿨은 부산대, 영남대, 강원대, 전남대, 전북대, 제주대 등과 같이 지방에 거점을 둔 국립대학교가 있습니다. 이렇게 지방대학교를 입학하는 것이 유리한 이유 중 하나는 자교 쿼터제라는 것이 존재하기 때문입니다. 자교의 2/3 까지 그 대학 로스쿨 입학생으로 뽑을 수 있기에 몇몇 로스쿨의 경우 자교학생을 우대하게 되는 경향이 있습니다.

나아가 단순히 지방대에 입학하는 것이 아니라 그 지방대에서 지방대학 출신인 자교생들을 법조인으로 만들기 위해서 개설한 특성화과에 입학하셔야 합니다. 지금은 폐지되었지만 영남대학교 천마인재학부가 유명하였습니다. 그 학부의 학부생들 중 로스쿨을 희망하는 학생들의 경우는 대부분 무난하게 로스쿨에 입학하였습니다. 그리고 학부 1학년 때부터 로스쿨에서 배우는 법학 과목을 사실상 선행할 수 있습니다. 당연히 로스쿨에 들어와서도 우수한 성적을 거둘 수 있습니다.

최대한 입결이 높은 대학교를 희망하되 경희대학교 밑으로 입학할 상황이라면 로스쿨을 개설한 대학교에 입학하여 자교 쿼터를 노리는 게 법조인이 되기에는 더 유리한 우월전략이라고 볼 수 있습니다.

로스쿨 입학시험인 LEET를 잘 보기 위해서는 미리부터 '사고력'과 '독해력'을 길러둬야 합니다. 이는 하루 아침에 길러지는 것이 아닙니다. 고등학생 때부터 글을 읽을 때 단순히 읽는 것이 아닌 모든 글에는 구조가 있다는 것을 염두에 두고 구조적으로 글에 접근해야 합니다. 이러한 공부법은 수능의 국어 공부와 영어 공부에도 도움이 됩니다. 갈수록 높아지는 수능 난이도 속에서 심화 공부는 이제 선택이 아닌 필수입니다.

과거 LEET 입시생들에게 가르쳤던 내용을 바탕으로 간략히 필요한 내용을 정리해보겠습니다. 최근 상위권 학생들의 경우 수능 국어를 위해 LEET 지문까지 푸는 경향을 본다면 결코 과하다고 볼 수 없습니다.

LEET라는 법학적성시험은 일반적인 '지식'을 측정하는 시험이 아닌 '능력'을 측정하는 시험입니다. 즉, LEET는 로스쿨에서 공부할 수학 '능력'과 법조인이 되는데 필요한 '소양'과 '적성'을 측정하는 시험입니다. 지식 측정 시험이 아닌 능력 측정 시험에 해당합니다. 따라서 지식 축적에 치중하는 수험 방법은 틀린 방법입니다. 적성을 키우고 본인이 가진 능력을 최대한 발휘할 수 있도록 하는 수험 방법이 옳은 방법입니다.

LEET 시험에는 언어이해와 추리논증 총 두 가지 시험이 있습니다. 법학적성시험 홈페이지에서 제시한 출제의 기본방향을 살펴보면 측정하고자 하는 능력은 독해력과 사고력입니다. 독해력이란 글을 읽고 이해하는 능력이고, 사고력이란 독해한 정보들을 바탕으로 일련의 사고과정을 거쳐 새로운 정보를 도출해내는 능력입니다. 문제해결능력, 추리능력, 논증 능력 등은 이러한 독해력과 사고력을 기반으로 형성됩니다.

이러한 점을 고려할 때 언어 이해와 추리논증도 영역은 본질적으로 다르지 않습니다. 다만, 언어 이해는 독해력에, 추리논증은 사고력에 조금 더 초점을 둔 과목입니다.

예컨대 언어이해에서는 지문에 제시된 문장들이 압축되거나 단어를 바꾸어서 선지로 등장합니다. 이러한 선지들을 제한된 시간 내에 걸러내기 위해서 호흡이 긴 지문에 등장하는 정보를 빠르게 처리하는 독해력이 요구됩니다. 반면, 추리논증은 호흡이 짧은 지문만 등장하기에 높은 수준의 독해력이 필요하지 않습니다. 그러나 추리논증에서 정답을 선택하기 위해서는 제시된 정보들을 바탕으로 일련의 사고 방법의 과정을 거쳐야 합니다. 즉, 추리논증에서 고득점을 하기 위해서는 LEET가 요구하는 사고력을 체화해야 합니다.

정리하자면, LEET가 요구하는 적성은 독해력과 사고력을 의미하며, 언어이해는 독해력에 초점을, 추리논증은 사고력에 좀 더 초점을 둡니다. 이하에서는 이러한 독해력과 사고력은 구체적으로 무엇인지, 어떻게 이를 향상시킬 수 있을지에 대해서 살펴보겠습니다.

독해력이란 글을 읽어서 뜻을 이해하는 능력을 의미합니다. 독해력에 영향을 미치는 요소에는 순수한 독해능력뿐만 아니라 배경지식, 어휘력 등이 있습니다. 그러나 독해력 파트에서는 순수한 독해능력에 대해서만 이야기하겠습니다.

순수한 독해능력에 영향을 미치는 요소로는

첫째, 구조 독해 능력과
둘째, 순수한 글 읽기 능력이 있습니다.

많은 로스쿨 입시 강사들은 구조 독해의 중요성을 역설합니다. 구조 독해란 글을 읽으며 글의 구조도를 머릿속으로 그려가며 이해하는 독해 방법입니다. 이 방법이 숙달되면 글을 읽으며 다음 내용을 예상할 수 있습니다. 글을 더 수월하게 읽을 수 있고, 제시된 정보를 빠르게 정보처리 할 수 있습니다.

다행인 점은 LEET 대부분의 언어이해 지문이 1)각종 입장의 대립, 2)시대에 따른 의견의 변천사, 3)메커니즘 등으로 그 유형이 한정되어 있다는 점입니다. 이처럼 LEET 대부분의 언어이해 지문의 구조가 정해져 있기 때문에 전개 방향을 수월하게 예측할 수 있습니다. 각 유형에 대한 구조 독해 능력을 체화하면 언어이해에 어느 정도 대비할 수 있습니다.

수능 국어의 비문학의 경우에도 이와 같이 글이 구조적으로 구성되어 있습니다. 로스쿨을 염두에 두고 있는 수험생의 경우에는 국어 지문을 읽을 때 글이 구조적으로 구성되어 있다는 선입견을 가지고 글을 읽어나가는 연습을 하시길 바랍니다. 수능 비문학도 수월하게 읽어나 갈 수 있을 것이며 추후 로스쿨 입시 준비도 수월할 것입니다. 순수한 글 읽기 능력은 중고등 수험생이 하기에는 과도할 수 있을 것 같아 생략하겠습니다.

사고력 부분은 평소에 공부하시는 습관을 교정하면 자연스럽게 상승됩니다. 국어 문학, 비문학 그리고 수학의 어떤 문제를 풀든 맞은 문제라도 애매하면 반드시 오답하는 습관을 들이셔야 합니다. 오답하는 방법은 해설지를 옆에 둔 채 자신이 사고했던 방식과 해설지에서 추구하는 방식의 차이점을 깊게 고민해보는 것이 우선입니다. 가장 공인된 해설지를 구매한 후 공인된 해설지의 사고과정에 맞춰서 생각할 수 있도록 본인의 사고과정을 교정하시길 바랍니다.

이러한 공부 방식은 국어의 문학 공부를 하는 데도 매우 유용하며 본인의 사고를 버리고 출제자의 사고를 따라가는 방식입니다. 특히 어려운 문제를 맞닥뜨렸을 때 더욱 빛을 바랍니다. 이러한 사고 과정을 교정하는 습관과 사고력은 추후 LEET를 준비하실 때 큰 도움이 됩니다.

이처럼 로스쿨 입시의 LEET는 평생을 어떻게 공부해왔는지를 측정하는 적성시험입니다. 중고등학교 때부터 올바른 습관을 들여서 공부해야 높은 점수를 받기에 유리합니다. 여기선 LEET에 대한 부분은 최대한 간략하게 적시했습니다. 여러분들이 수험생 때 꼭 '구조독해를 체화'하고 '사고력을 향상'시키기를 바랍니다.

4. 생활면

수험생활에 제일 중요한 부분은 생활과 멘탈 관리입니다.

우선 세 가지 생활 원칙을 반드시 지키시길 바랍니다.

» Check point «

✓ 규칙적으로 생활하자

✓ 꾸준하게 하자

✓ 무너지더라도 다시 일어나자

1) 규칙적으로 생활하자

365일 똑같은 시간에 기상하고 동일한 시간에 취침하는 습관을 말합니다. 이러한 습관은 여러분의 신체에 맞는 생활 리듬을 형성하여 최적의 컨디션을 만들어줍니다. 어떠한 상황에서도 규칙적으로 생활하는 습관은 수험생활에 있어서 필수의 덕목입니다. 규칙적인 생활습관은 결국 규칙적인 공부습관으로 이어지기 때문입니다.

2) 꾸준하게 하자

저는 고1 ~ 고3 3년 동안 매일 새벽 5시 반에 기상하여 아침 7시까지 학교 열람실에 착석하여 밤 11시까지 공부했습니다. 물론 공부가 안될 때도, 집중력이 흐트러질 때도 있었지만 그런 방황조차 열람실 내에서 했습니다. 환경이 사람을 만듭니다. 열람실의 환경은 흐트러진 저를 다시 잡는데 도움이 되었습니다.

꾸준할 수 있는 저만의 TIP을 드리겠습니다. 하루 할 수 있는 최대의 노력이 100 이라고 한다면 80정도를 하시는 걸 추천드립니다. 아쉬움이 남았을 때 멈추면 그 다음날 공부를 수

월히 시작하는 강력한 유인이 됩니다. 지치지 않고 꾸준히 할 수 있는 동력이 되기도 합니다. 위 1번, 2번의 원칙만 365 일 동안 지키실 수 있다면 3번의 원칙은 보실 필요가 없습니다.

3) 무너지더라도 다시 일어나자

회복 탄력성은 위에서 말한 1번, 2번의 원칙들이 깨졌을 때를 위한 것입니다. 무너진 상황에서 빠르게 규칙성과 꾸준함을 되찾는 탄력성을 말합니다. 1번, 2번의 원칙을 꾸준히 지키는 수험생은 무너질 일이 없기 때문에 3번의 회복 탄력성은 필요 없을 수도 있습니다. 하지만 제가 봤던 수험생 중 무너지지 않는 수험생은 100명 중 1명 정도밖에 보지 못했습니다. 무너지지 않는다는 생각을 하지 말고 무너졌을 때 빠르게 흐름을 회복하자는 마인드를 갖추시길 바랍니다. 강직한 나뭇가지는 부러지지만 부드러운 갈대는 절대 부러지지 않는다는 사실을 명심하시길 바랍니다.

이러한 3가지 규칙을 잘 지키기 위해서 플래너를 적극 활용하는 것을 추천드립니다. 하루를 시작할 때 내가 해야 할 것이 무엇인지 적어보고 하루를 마감할 때 내가 무엇을 했는지 직접 체크해보는 것은 본인의 삶을 객관적으로 파악하는데 굉장히 큰 자극점이 됩니다.

> **오늘 목표량**
>
> 국어 비문학 3지문 풀고 오답 / 국어 문학 3지문 분석 /
> 영어 모의고사 1회 풀고 오답 / 구문 독해 30문장 학습 /
> 수학 고난이도 문제 내신 범위 30문제 풀고 오답
>
> **최소 목표량**
>
> 국어 비문학·문학 2지문 / 영어 모의고사 1회 풀고 오답 /
> 구문독해 15문장 학습 /
> 수학 고난이도 문제 내신 범위 15문제 풀고 오답
>
> 이런 식으로 작성하여 반드시 최소 목표량만큼은 달성한다는 마음으로 했습니다.

그리고 공부를 하는 과정에서

[국어 비문학 2지문 - 오전 7:00 ~ 8:20] 과 같은 식으로 작성하여 그때그때 할 것들을 시간 제한을 두어 해내는 데 초점을 두었습니다.

제 플래너의 포인트는 크게 2가지입니다.

1) 상한선과 하한선을 두어 유동적이면서도 반드시 하한선은 넘어야 한다는 최소한의 기준 점을 마련한 것입니다. 이상을 향해 나아가되 달성하지 못해도 좌절하지 말고 최소 목표 량 만큼은 반드시 달성하자는 마인드는 본인에게 큰 자극을 줍니다.

2) 몰입도 향상입니다. 너무 큰 목표를 두면 집중력이 흐트러집니다. 그것보단 단시간 내에 짧은 목표를 두어 그걸 달성하는데 초점을 두면 몰입도가 향상됩니다. 그때그때 할 분량 을 적고 그 옆에 제한 시간을 기록하여 수시로 점검하였습니다. 일종의 페이스 메이커라 고 생각하시면 됩니다.

5. 멘탈관리면

　　생활이 흐트러지는 이유는 본인의 의지의 나약함도 있겠지만 외부의 스트레스로 인한 이유도 있습니다. 수험생의 경우 스트레스와 고민의 95%가 인간관계로 인한 것입니다. 저 또한 항상 인간관계로 인한 스트레스와 고민이 많았으며 슬기롭게 대처하는 방법을 찾았습니다. 현재는 밤마다 반드시 15분씩 명상을 하고 잠듭니다. 이러한 명상의 습관을 수험생들이 갖는다면 정말 좋습니다. 쉽지 않다면 제가 고등학교 수험생 시절 고민이 생길 때마다 항상 되내었던 원칙을 말씀드리겠습니다.

'미루기' 입니다.

　　모든 스트레스와 고민을 수능이 끝난 후로 미루기입니다. 저는 친구 간 갈등, 스트레스 및 저 혼자만의 고민을 모두 수능 후로 미뤄두었습니다. 그리고 수능이 끝나고 난 후 그것들을 다 해결했을까요? 아니요 어떤 고민이었는지도 까먹었습니다. 결국 그 당시에만 중요했던 고민은 1년이 지나니 아무것도 아니게 된 거죠.

　　무언가 스트레스 받는 일과 고민이 있을 때 반드시

'내가 지금 하고 있는 이 고민을 1년 후에도 내가 하고 있을까?'

　　라고 생각해보시길 바랍니다. 여러분이 지금 1년 전의 고민이 생각나지 않듯이 1년 후에는 지금 중요해 보이는 고민들도 결국 사라질 것입니다. 이 마인드는 사실 수험 생활 뿐 아니라 살아가는 데 매우 중요한 원칙이기도 합니다. 이름은 '미루기'라고 하였지만 '흘려보내기'에 가까운 마인드입니다. 저 또한 생활면에서 많은 스트레스 때문에 공부의 흐름이 깨졌었기에 제가 살아가고자 이런 마인드를 장착하게 되었습니다.

5 나가며

책에 제가 가지고 있는 것들을 담아내기에는 턱없이 부족했지만 조금이나마 여러분들께 도움이 됐으면 좋겠습니다. 책자에는 결코 담아내지 못했던 부분은 [휘랩연구소] 특강들을 통해서 여러분들께 꼭 전달드리겠습니다.

[휘랩연구소] 박 재 휘 대표

연세대 학부 / 서울대 석사 출신
11년 이상의 대치 / 강남 강의 경력
입시 전문 칼럼니스트, 블로거
매년 SKY, 메디컬(의치한약수) 합격 배출

인스타그램 @whee_lab